DIRECTION GÉNÉRALE DES TRAVAUX PUBLICS

SERVICE DES PORTS

TABLEAUX STATISTIQUES

ET RENSEIGNEMENTS DIVERS

AU 12 OCTOBRE 1889

TUNIS

IMPRIMERIE RAPIDE, RUES DE CONSTANTINE ET DE SOUK-AHRAS

1889

SERVICE DES PORTS

TABLEAUX STATISTIQUES
ET RENSEIGNEMENTS DIVERS

au 12 octobre 1889

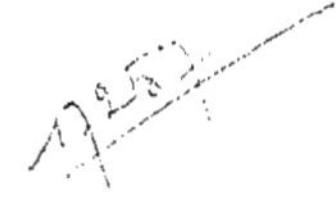

TUNIS

Imprimerie Rapide, rues de Constantine et de Souk-Ahras

—

1889

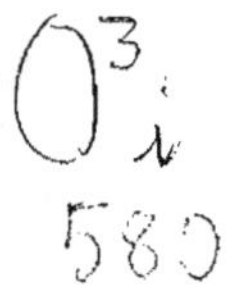

Le Directeur Général des Travaux Publics

à Monsieur Massicault, Résident Général de la République Française,

à Tunis.

MONSIEUR LE RÉSIDENT GÉNÉRAL,

J'ai l'honneur de vous adresser des tableaux statistiques préparés par le Service de la Police des Ports, en vue de faire connaître la situation du commerce de la Régence, et en particulier l'importance de ses relations commerciales avec la métropole.

Un tableau spécial donne pour les cinq derniers exercices les quantités de marchandises et le nombre des passagers embarqués ou débarqués en Tunisie par les bâtiments des diverses nationalités. Un autre tableau fait connaître le nombre de navires des diverses nationalités chargés en France pendant l'exercice 1306, c'est-à-dire du 12 octobre 1888 au 13 octobre 1889, à destination de La Goulette-Tunis, le port le plus important de la Régence, ainsi que le nombre de tonnes de jauge ou de marchandises et le nombre de passagers.

Dans les états relatifs aux douze ports de la Régence, on a séparé les voiliers des bâtiments à vapeur, et on a mis ainsi en évidence l'importance du commerce qui se fait par petits voiliers avec l'Italie, surtout dans les ports qui ne sont pas reliés à la péninsule par un service de vapeurs régulier.

Les états font connaître, en outre, pour chacun des ports de la Régence, le tonnage de jauge des navires, le nombre de tonneaux de marchandises, le nombre de passagers civils ou militaires, enfin, celui des bestiaux embarqués ou débarqués. Par suite de l'épidémie qui a sévi en Arabie pendant l'année courante, la Tunisie n'a pas envoyé de pèlerins à La Mecque, de sorte que cette catégorie de passagers a dû être supprimée dans les états afférents à cet exercice.

Pour compléter ce travail, on a dressé des tableaux récapitulatifs par port et par nationalité, — les états des plus-values et des moins-values de l'exercice 1306 par rapport à l'exercice précédent, — l'état des navires entrés en relâche forcée, — celui des navires naufragés, — les entrées et sorties des yachts de plaisance, — les quantités de lest embarqué dans chaque port. Enfin, on y a joint la nomenclature complète des embarcations de servitude existant dans les différents ports, ainsi que les principaux renseignements (droits maritimes et de port, éclairage des côtes, postes de secours, courtiers, services réguliers) qui peuvent être utiles aux navigateurs et au commerce.

Veuillez agréer, Monsieur le Résident Général, l'assurance de mon respectueux dévouement.

MICHAUD.

Tunis, le 21 novembre 1889.

LA GOULETTE

MOUVEMENT DES NAVIRES du 13 octobre 1888 au 12 octobre 1889

ENTRÉES

NATIONALITÉS		NAVIRES	TONNAGE de JAUGE	TONNAGE de MARCHAN-DISES	PASSAGERS		BESTIAUX
					CIVILS	MILI-TAIRES	
Allemands....................vapeurs		2	1.489	285	»	»	»
Anglais....................	vapeurs	21	15.734	11.612	6	»	»
	voiliers	7	524	851	»	»	»
Autrichiens................	vapeurs	1	980	1.000	»	»	»
	voiliers	5	2.134	2.720	4	»	»
Danois.......................vapeurs		13	14.193	1.237	8	»	»
Espagnols....................vapeurs		6	3.486	743	40	»	»
Français....................	vapeurs	356	348.702	46.048	10.250	4.005	6
	voiliers	9	397	252	9	»	»
Grecs......................	vapeurs	3	1.868	1.680	»	»	»
	voiliers	30	9.319	12.065	2	»	»
Hollandais....................vapeurs		3	2.236	1.116	»	»	»
Italiens....................	vapeurs	169	103.575	6.394	5.850	»	»
	voiliers	386	16.961	16.570	511	»	8
Ottomans............. ....voiliers		3	457	430	»	»	»
Russes.......................voiliers		3	1.103	1.635	»	»	»
Suédo-Norwégiens..........	vapeurs	3	1.801	1.626	»	»	»
	voiliers	4	1.495	1.690	»	»	»
Tunisiens....................voiliers		52	781	412	171	»	»
TOTAL............		1.076	527.241	108.996	16.851	4.005	14

LA GOULETTE

MOUVEMENT DES NAVIRES du 13 octobre 1888 au 12 octobre 1889

SORTIES

NATIONALITÉS		NAVIRES	TONNAGE de JAUGE	TONNAGE de MARCHANDISES	PASSAGERS		BESTIAUX
					CIVILS	MILITAIRES	
Allemands .... vapeurs		2	1.489	»	3	»	»
Anglais	vapeurs	20	15.450	2.330	25	»	214
	voiliers	6	512	202	»	»	»
Autrichiens................	vapeurs	1	986	»	»	»	»
	voiliers	5	1.980	200	5	»	»
Danois..................... vapeurs		13	14.193	»	52	»	»
Espagnols..................... vapeurs		6	3.486	· 9	71	»	»
Français	vapeurs	359	350.729	9.680	10.360	4.400	809
	voiliers	9	397	142	6	»	»
Grecs	vapeurs	3	1.868	»	»	»	»
	voiliers	30	9.053	870	»	»	»
Hollandais .... vapeurs		3	2.236	20	4	»	»
Italiens	vapeurs	168	103.781	7.806	4.968	»	7
	voiliers	392	18.941	7.814	463	»	180
Ottomans..................... voiliers		3	457	»	»	»	»
Russes .... voiliers		3	1.103	»	1	»	»
Suédo-Norwégiens..........	vapeurs	2	655	200	»	»	»
	voiliers	3	1.055	»	»	»	»
Tunisiens..................... voiliers		50	834	774	265	»	»
TOTAL.............		1.078	529.205	30.047	16.223	4.400	1.210

SOUSSE

MOUVEMENT DES NAVIRES du 13 octobre 1888 au 12 octobre 1889

ENTRÉES

NATIONALITÉS		NAVIRES	TONNAGE de JAUGE	TONNAGE de MARCHAN-DISES	PASSAGERS		BESTIAUX
					CIVILS	MILI-TAIRES	
Anglais...................	vapeurs	6	7.005	1.000	4	»	»
	voiliers	14	1.233	1.362	»	»	»
Autrichiens...................voiliers		2	162	25	1	»	»
Français	vapeurs	104	100.811	9.210	2.558	1.025	3
	voiliers	1	67	67	»	»	»
Grecs	vapeurs	1	640	1.100	»	»	»
	voiliers	8	2.215	3.574	»	»	»
Italiens...................	vapeurs	104	77.835	1.238	703	»	»
	voiliers	170	4.825	2.988	152	»	»
Ottomans...................voiliers		2	205	240	1	»	»
Tunisiens...................voiliers		739	4.025	8.372	516	»	»
TOTAL............		1.151	208.626	29.176	3.935	1.025	3

SOUSSE

MOUVEMENT DES NAVIRES du 13 octobre 1888 au 12 octobre 1889

SORTIES

NATIONALITÉS		NAVIRES	TONNAGE de JAUGE	TONNAGE de MARCHANDISES	PASSAGERS		BESTIAUX
					CIVILS	MILITAIRES	
Anglais....................	vapeurs	6	6.730	4.868	»	»	»
	voiliers	14	1.234	210	»	»	32
Autrichiens....................voiliers		2	162	120	»	»	»
Français....................	vapeurs	103	109.161	3.457	2.637	1.150	»
	voiliers	1	67	»	»	»	»
Grecs.....................	vapeurs	1	640	»	»	»	»
	voiliers	9	2.868	648	»	»	»
Italiens....................	vapeurs	102	76.917	1.181	976	»	»
	voiliers	172	5.532	3.642	167	»	1
Ottomans....................voiliers		2	205	10	»	»	»
Tunisiens....................voiliers		735	4.609	2.413	565	»	»
TOTAL............		1.147	208.125	16.549	4.345	1.150	33

MONASTIR

MOUVEMENT DES NAVIRES du 13 octobre 1888 au 12 octobre 1889

ENTRÉES

NATIONALITÉS	NAVIRES	TONNES de JAUGE	TONNES de MARCHAN-DISES	PASSAGERS		BESTIAUX
				CIVILS	MILI-TAIRES	
Anglais....................voiliers	27	2.555	876	20	»	22
Français....................vapeurs	104	109.995	692	137	34	19
Grecs....................voiliers	1	308	300	»	»	»
Italiens .... { vapeurs	102	77.807	302	107	»	14
{ voiliers	31	954	366	4	»	»
Ottomans....................voiliers	6	44	60	»	»	»
Tunisiens....................voiliers	123	876	542	86	40	»
Total............	394	192.539	3.078	354	74	55

SORTIES

NATIONALITÉS	NAVIRES	TONNES de JAUGE	TONNES de MARCHAN-DISES	PASSAGERS		BESTIAUX
				CIVILS	MILI-TAIRES	
Anglais....................voiliers	27	2.555	139	2	»	141
Français....................vapeurs	104	109.995	397	120	8	»
Grecs....................voiliers	1	308	»	»	»	»
Italiens .... { vapeurs	102	77.807	482	95	»	»
{ voiliers	31	954	339	1	»	»
Ottomans....................voiliers	6	44	»	»	»	»
Tunisiens....................voiliers	123	876	570	52	»	1
Total............	394	192.539	1.927	270	8	142

MEHDIA

MOUVEMENT DES NAVIRES du 13 octobre 1888 au 12 octobre 1889

ENTRÉES

NATIONALITÉS	NAVIRES	TONNES de JAUGE	TONNES de MARCHAN-DISES	PASSAGERS CIVILS	PASSAGERS MILI-TAIRES	BESTIAUX
Autrichiens .... voiliers	15	1.248	138	32	»	»
Français .... vapeurs	100	108.269	779	308	»	»
Grecs .... voiliers	1	240	350	»	»	»
Italiens .... { vapeurs	98	74.819	306	233	»	»
Italiens .... { voiliers	153	2.175	1.055	80	»	»
Tunisiens .... voiliers	439	3.482	656	466	»	»
Total.............	806	190.233	3.284	1.119	»	»

SORTIES

NATIONALITÉS	NAVIRES	TONNES de JAUGE	TONNES de MARCHAN-DISES	PASSAGERS CIVILS	PASSAGERS MILI-TAIRES	BESTIAUX
Autrichiens .... voiliers	12	971	474	1	»	»
Français .... vapeurs	100	108.269	452	328	»	»
Grecs .... voiliers	1	240	»	»	»	»
Italiens .... { vapeurs	98	74.819	217	186	»	16
Italiens .... { voiliers	151	2.383	345	1	»	49
Tunisiens .... voiliers	439	3.482	879	745	»	»
Total.............	801	190.164	2.367	1.261	»	65

SFAX

MOUVEMENT DES NAVIRES du 13 octobre 1888 au 12 octobre 1889

ENTRÉES

NATIONALITÉS		NAVIRES	TONNES de JAUGE	TONNES de MARCHANDISES	PASSAGERS		BESTIAUX
					CIVILS	MILITAIRES	
Anglais	vapeurs	22	23.672	6.885	1	»	»
	voiliers	21	1.437	1.420	2	»	»
Français	vapeurs	104	111.955	5.348	2.054	175	»
Grecs	voiliers	97	2.952	2.420	5	»	»
Italiens	vapeurs	104	79.034	3.329	1.134	»	»
	voiliers	147	4.745	3.110	170	»	8
Ottomans	voiliers	14	1.449	1.087	19	»	»
Suédo-Norwégiens	voiliers	2	699	1.050	3	»	»
Tunisiens	voiliers	717	6.139	6.804	2.145	»	6
Total		1.228	231.752	31.453	5.533	175	14

SORTIES

NATIONALITÉS		NAVIRES	TONNES de JAUGE	TONNES de MARCHANDISES	PASSAGERS		BESTIAUX
					CIVILS	MILITAIRES	
Anglais	vapeurs	22	23.672	14.459	106	»	»
	voiliers	22	1.636	673	28	»	»
Français	vapeurs	104	111.955	3.560	1.818	300	»
Grecs	voiliers	72	2.867	24	13	»	»
Italiens	vapeurs	104	79.034	2.312	1.075	»	15
	voiliers	116	3.458	1.218	93	»	»
Ottomans	voiliers	11	915	316	30	»	»
Suédo-Norwégiens	voiliers	2	699	165	3	»	»
Tunisiens	voiliers	588	5.588	7.122	2.114	»	6
Total		1.041	229.824	29.849	5.280	300	21

GABÈS

MOUVEMENT DES NAVIRES du 13 octobre 1888 au 12 octobre 1889

ENTRÉES

NATIONALITÉS		NAVIRES	TONNES de JAUGE	TONNES de MARCHAN- DISES	PASSAGERS		BESTIAUX
					CIVILS	MILI- TAIRES	
Anglais	vapeurs	3	3.231	»	»	»	»
	voiliers	4	305	460	»	»	»
Français	vapeurs	104	119.511	40.988	1.952	2.264	37
Grecs	vapeurs	1	706	200	»	»	»
	voiliers	4	1.499	2.604	»	»	»
Italiens	vapeurs	99	73.844	1.633	599	»	81
	voiliers	9	1.715	528	2	»	»
Ottomans	voiliers	2	93	110	»	»	»
Tunisiens	voiliers	623	3.152	3.938	1.401	»	47
TOTAL		849	204.656	20.461	3.954	2.264	135

SORTIES

NATIONALITÉS		NAVIRES	TONNES de JAUGE	TONNES de MARCHAN- DISES	PASSAGERS		BESTIAUX
					CIVILS	MILI- TAIRES	
Anglais	vapeurs	3	3.231	4.813	»	»	»
	voiliers	4	305	»	»	»	»
Français	vapeurs	104	119.511	1.362	1.874	2.278	6
Grecs	vapeurs	1	706	»	»	»	»
	voiliers	4	1.499	»	»	»	»
Italiens	vapeurs	99	73.844	193	439	»	»
	voiliers	8	1.679	761	»	»	»
Ottomans	voiliers	1	33	»	»	»	»
Tunisiens	voiliers	553	2.649	1.528	1.323	»	»
TOTAL		777	203.457	5.657	3.636	2.278	6

DJERBA

MOUVEMENT DES NAVIRES du 13 octobre 1888 au 12 octobre 1889

ENTRÉES

NATIONALITÉS	NAVIRES	TONNAGE de JAUGE	TONNAGE de MARCHANDISES	PASSAGERS		BESTIAUX
				CIVILS	MILITAIRES	
Anglais............voiliers	1	440	420	»	»	»
Français............vapeurs	104	118.945	1.000	1.050	93	3
Grecs............voiliers	1	347	579	»	»	»
Italiens............ { vapeurs	102	77.761	526	826	»	1
{ voiliers	5	208	38	»	»	»
Ottomans............voiliers	12	1.008	793	20	»	»
Tunisiens............voiliers	534	7.625	2.918	1.862	»	53
Total............	759	206.334	6.274	3.758	93	57

SORTIES

NATIONALITÉS	NAVIRES	TONNAGE de JAUGE	TONNAGE de MARCHANDISES	PASSAGERS		BESTIAUX
				CIVILS	MILITAIRES	
Anglais............voiliers	1	440	200	»	»	»
Français............vapeurs	101	118.945	143	1.286	9	2
Grecs............voiliers	1	347	»	»	»	»
Italiens............ { vapeurs	102	77.761	92	1.436	»	65
{ voiliers	5	208	127	»	»	»
Ottomans............voiliers	13	1.101	171	19	»	»
Tunisiens............voiliers	536	6.763	2.294	1.701	2	215
Total............	762	205.565	3.027	4.142	11	282

BIZERTE

MOUVEMENT DES NAVIRES du 13 octobre 1888 au 12 octobre 1889

ENTRÉES

NATIONALITÉS	NAVIRES	TONNAGE de JAUGE	TONNAGE de MARCHAN-DISES	PASSAGERS		BESTIAUX
				CIVILS	MILITAIRES	
Français............... { vapeurs	59	42.512	800	178	92	»
Français............... { voiliers	16	420	300	22	»	»
Grecs.......................voiliers	1	407	170	»	»	»
Italiens.....................voiliers	233	3.571	2.479	233	»	»
Tunisiens...................voiliers	198	1.936	1.887	147	»	1
TOTAL...............	507	48.846	5.636	580	92	1

SORTIES

NATIONALITÉS	NAVIRES	TONNAGE de JAUGE	TONNAGE de MARCHAN-DISES	PASSAGERS		BESTIAUX
				CIVILS	MILITAIRES	
Français............... { vapeurs	59	42.512	842	10	89	»
Français............... { voiliers	16	420	66	15	»	»
Grecs.......................voiliers	1	407	430	»	»	»
Italiens.....................voiliers	233	3.571	2.569	229	»	131
Tunisiens...................voiliers	194	1.908	1.203	148	»	»
TOTAL...............	503	48.818	5.110	402	89	131

TABARKA

MOUVEMENT DES NAVIRES du 13 octobre 1888 au 12 octobre 1889

ENTRÉES

NATIONALITÉS	NAVIRES	TONNAGE de JAUGE	TONNAGE de MARCHANDISES	PASSAGERS		BESTIAUX
				CIVILS	MILITAIRES	
Anglais...................vapeurs	1	1.099	»	3	»	»
Autrichiens..................voiliers	1	76	100	2	»	»
Français...................voiliers	109	878	821	179	»	»
Italiens....................voiliers	104	3.242	2.491	198	»	»
Tunisiens...................voiliers	43	401	393	61	»	»
Total............	258	5.696	3.805	443	»	»

SORTIES

NATIONALITÉS	NAVIRES	TONNAGE de JAUGE	TONNAGE de MARCHANDISES	PASSAGERS		BESTIAUX
				CIVILS	MILITAIRES	
Anglais...................vapeurs	1	1.099	702	3	»	»
Autrichiens..................voiliers	1	76	61	2	»	»
Français...................voiliers	105	874	770	65	»	»
Italiens....................voiliers	100	3.027	2.741	214	»	34
Tunisiens...................voiliers	41	384	306	22	»	»
Total............	248	5.460	4.580	306	»	34

PORTOFARINA

MOUVEMENT DES NAVIRES du 13 octobre 1888 au 12 octobre 1889

ENTRÉES

NATIONALITÉS	NAVIRES	TONNAGE de JAUGE	TONNAGE de MARCHAN-DISES	PASSAGERS		BESTIAUX
				CIVILS	MILI-TAIRES	
Français.....................voiliers	1	123	»	»	»	»
Italiens.....................voiliers	3	339	»	»	»	»
Tunisiens.....................voiliers	81	396	73	51	»	»
TOTAL.............	85	858	73	51	»	»

SORTIES

NATIONALITÉS	NAVIRES	TONNAGE de JAUGE	TONNAGE de MARCHAN-DISES	PASSAGERS		BESTIAUX
				CIVILS	MILI-TAIRES	
Français.....................voiliers	1	123	180	»	»	»
Italiens.....................voiliers	3	339	210	»	»	»
Tunisiens.....................voiliers	80	379	365	131	»	4
TOTAL.............	84	841	755	131	»	4

KERKENAH

MOUVEMENT DES NAVIRES du 13 octobre 1888 au 12 octobre 1889

ENTRÉES

NATIONALITÉS	NAVIRES	TONNES de JAUGE	TONNES de MARCHANDISES	PASSAGERS		BESTIAUX
				CIVILS	MILITAIRES	
Ottomans......................voiliers	18	378	83	»	»	»
Tunisiens......................voiliers	272	1.401	431	49	»	»
Total.............	290	1.779	514	49	»	»

SORTIES

NATIONALITÉS	NAVIRES	TONNES de JAUGE	TONNES de MARCHANDISES	PASSAGERS		BESTIAUX
				CIVILS	MILITAIRES	
Ottomans......................voiliers	14	352	114	»	»	»
Tunisiens......................voiliers	262	1.129	222	44	»	»
Total.............	276	1.481	336	44	»	»

SKIRA

MOUVEMENT DES NAVIRES du 13 octobre 1888 au 12 octobre 1889

ENTRÉES

NATIONALITÉS	NAVIRES	TONNES de JAUGE	TONNES de MARCHAN- DISES	PASSAGERS		BESTIAUX
				CIVILS	MILI- TAIRES	
Anglais......................vapeurs	13	16.195	»	»	»	»
Italiens........................voiliers	1	543	»	»	»	»
Ottomans......................voiliers	1	62	»	»	»	»
Tunisiens.......................voiliers	320	2.285	185	28	»	»
TOTAL..............	335	19.085	185	28	»	»

SORTIES

NATIONALITÉS	NAVIRES	TONNES de JAUGE	TONNES de MARCHAN- DISES	PASSAGERS		BESTIAUX
				CIVILS	MILI- TAIRES	
Anglais......................vapeurs	13	16.195	8.500	»	»	»
Italiens........................voiliers	1	543	300	»	»	»
Ottomans......................voiliers	1	62	50	»	»	»
Tunisiens.......................voiliers	306	2.278	1.100	30	»	»
TOTAL..............	321	19.078	9.950	30	»	»

ENTRÉES

PORTS	NAVIRES	TONNES de JAUGE	TONNES de MARCHANDISES	PASSAGERS		BESTIAUX
				CIVILS	MILITAIRES	
La Goulette	1.076	527.241	108.996	16.851	4.605	14
Sousse	1.151	208.626	29.176	3.935	1.025	3
Monastir	394	192.539	3.078	354	74	55
Mehdia	806	190.233	3.281	1.119	»	»
Sfax	1.228	231.752	31.453	5.533	175	14
Gabès	849	204.056	20.461	3.954	2.264	135
Djerba	759	206.334	6.274	3.758	93	57
Bizerte	507	48.846	5.636	580	92	1
Tabarka	258	5.696	3.805	443	»	»
Portofarina	85	858	73	51	»	»
Kerkena	290	1.779	514	49	»	»
Skira	335	19.085	185	28	»	»
TOTAL	7.738	1.837.045	212.935	36.655	8.328	279

DES NAVIRES DANS LES PORTS DE LA RÉGENCE

u 12 octobre 1889

SORTIES

PORTS	NAVIRES	TONNES de JAUGE	TONNES de MARCHAN-DISES	PASSAGERS		BESTIAUX
				CIVILS	MILI-TAIRES	
La Goulette	1.078	529.205	30.047	16.923	4.400	1.210
Sousse	1.147	208.125	16.549	4.345	1.150	33
Monastir	394	192.539	1.927	270	8	142
Mehdia	801	190.164	2.367	1.261	»	65
Sfax	1.041	229.824	29.849	5.280	300	21
Gabès	777	203.457	5.657	3.636	2.278	6
Djerba	762	205.565	3.027	4.142	11	282
Bizerte	503	48.818	5.110	402	89	131
Tabarka	248	5.460	4.580	306	»	34
Portofarina	84	841	755	131	»	4
Kerkena	276	1.481	336	44	»	»
Skira	321	19.078	9.950	30	»	»
TOTAL	7.432	1.834.557	110.154	36.070	8.236	1.928

ENTRÉES

NATIONALITÉS	NAVIRES	TONNES de JAUGE	TONNES de MARCHAN-DISES	PASSAGERS		BESTIAUX
				CIVILS	MILI-TAIRES	
Allemands..................vapeurs	2	1.489	285	»	»	»
Anglais................. { vapeurs	66	66.936	19.527	14	»	0
Anglais................. { voiliers	74	6.494	5.389	22	»	22
Autrichiens............. { vapeurs	1	986	1.000	»	»	0
Autrichiens............. { voiliers	23	3.620	2.983	39	»	»
Danois....................vapeurs	13	14.493	1.237	8	»	»
Espagnols..................vapeurs	6	3.486	743	40	»	»
Français................. { vapeurs	4.035	4.069.703	75.465	18.487	8.288	68
Français................. { voiliers	136	4.885	1.440	210	»	»
Grecs.................... { vapeurs	5	3.214	2.980	»	»	»
Grecs.................... { voiliers	143	17.287	22.062	7	»	»
Hollandais...............vapeurs	3	2.236	1.116	»	»	»
Italiens................. { vapeurs	778	564.675	13.728	9.452	»	96
Italiens................. { voiliers	1.242	39.248	29.565	1.350	»	16
Ottomans.................voiliers	58	3.396	2.803	40	»	»
Russes...................voiliers	3	1.103	1.635	6	»	»
Suédo-Norvégiens......... { vapeurs	3	1.801	1.626	»	»	»
Suédo-Norvégiens......... { voiliers	6	2.194	2.740	3	»	»
Tunisiens ....voiliers	4.141	33.099	26.611	6.983	40	77
TOTAL......	7.738	1.837.045	212.935	36.655	8.328	279

SORTIES

NATIONALITÉS	NAVIRES	TONNES de JAUGE	TONNES de MARCHAN-DISES	PASSAGERS		BESTIAUX
				CIVILS	MILI-TAIRES	
Allemands................vapeurs	2	1.489	»	3	»	»
Anglais.................{ vapeurs	65	66.377	32.672	134	»	214
voiliers	74	6.682	1.424	30	»	173
Autrichiens..............{ vapeurs	1	986	»	»	»	»
voiliers	20	3.189	855	8	»	»
Danois...................vapeurs	13	14.193	»	52	»	»
Espagnols................vapeurs	6	3.486	9	71	»	»
Français.................{ vapeurs	1.037	1.071.077	19.893	18.433	8.234	817
voiliers	132	1.881	1.158	86	»	»
Grecs....................{ vapeurs	5	3.214	»	»	»	»
voiliers	119	17.589	1.972	13	»	»
Hollandais...............vapeurs	3	2.236	20	4	»	»
Italiens.................{ vapeurs	775	563.963	12.283	8.875	»	103
voiliers	1.212	40.635	20.066	1.168	»	395
Ottomans.................voiliers	51	3.169	661	49	»	»
Russes ....voiliers	3	1.103	»	1	»	»
Suédo-Norvégiens.........{ vapeurs	2	655	200	»	»	»
voiliers	5	1.754	165	3	»	»
Tunisiens................voiliers	3.907	30.879	18.776	7.140	2	226
TOTAL..............	7.432	1.834.557	110.154	36.070	8.236	1.928

ENTRÉES

| PORTS | NAVIRES | TONNES de jauge | TONNES de marchandises | PASSAGERS | | BESTIAUX | NAVIRES | TONNES de jauge | TONNES de marchandises | PASSAGERS | | BESTIAUX |
| | | | | Civils | Militaires | | | | | Civils | Militaires | |
	PLUS-VALUES						MOINS-VALUES					
La Goulette............	49	82.831	5.470	25	611	14	»	»	»	»	»	»
Sousse...............	95	»	»	»	»	»	»	14.947	387	333	154	66
Monastir.............	»	»	»	»	53	43	3	2.946	264	188	»	»
Mehdia..............	26	»	»	»	»	»	»	6.540	1.099	375	»	»
Sfax	»	»	226	»	»	»	369	6.626	»	1.866	100	183
Gabès...............	91	61.802	3.809	627	313	123	»	»	»	»	»	»
Djerba..............	»	6.205	775	»	54	»	50	»	»	1.191	»	204
Bizerte.............	162	43.672	2.453	307	92	»	»	»	»	»	»	13
Tabarka............	52	657	1.550	271	»	»	»	»	»	»	»	»
Portofarina.........	85	858	73	51	»	»	»	»	»	»	»	»
Kerkena............	290	4.779	514	49	»	»	»	»	»	»	»	»
Skira..............	335	19.085	185	28	»	»	»	»	»	»	»	»
TOTAL......	1.185	216.889	15.055	1.358	1.423	180	431	31.059	1.750	4.253	254	466

| | NAVIRES | TONNES de jauge | TONNES de marchandises | PASSAGERS | | BESTIAUX |
				Civils	Militaires	
TOTAL des plus values.........	1.185	216.889	15.055	1.358	1.423	180
TOTAL des moins values.......	431	31.059	1.750	4.253	254	466
RÉSULTAT DÉFINITIF..... { PLUS-VALUES nettes..........	754	185.830	13.305	»	869	»
{ MOINS-VALUES nettes.........	»	»	»	2.895	»	286

SORTIES

PORTS	PLUS-VALUES						MOINS-VALUES					
	NAVIRES	TONNES de jauge	TONNES de marchandises	PASSAGERS Civils	PASSAGERS Militaires	BESTIAUX	NAVIRES	TONNES de jauge	TONNES de marchandises	PASSAGERS Civils	PASSAGERS Militaires	BESTIAUX
La Goulette............	66	78.965	8.751	1.019	»	691	»	»	»	»	1.515	»
Sousse................	2	»	»	»	120	»	»	16.969	3.899	561	»	21
Monastir..............	»	»	»	»	»	»	3	2.946	492	86	14	33
Mehdia................	28	»	»	»	»	65	»	372	3.721	10	»	»
Sfax	»	»	»	»	»	8	317	6.948	8.975	265	284	»
Gabès................	96	61.673	925	837	1.109	»	»	»	»	»	»	6
Djerba...............	»	5.916	»	»	»	»	52	»	327	87	19	346
Bizerte..............	457	43.641	232	127	89	112	»	»	»	»	»	»
Tabarka..............	44	682	840	67	»	»	»	»	»	»	»	8
Portofarina..........	84	811	755	131	»	4	»	»	»	»	»	»
Kerkena..............	276	1.481	336	44	»	»	»	»	»	»	»	»
Skira................	321	49.078	9.950	30	»	»	»	»	»	»	»	»
TOTAL......	1.074	212.277	21.789	2.255	1.318	880	372	27.235	17.414	1.009	1.832	414

	NAVIRES	TONNES de jauge	TONNES de marchandises	PASSAGERS Civils	PASSAGERS Militaires	BESTIAUX
TOTAL des plus-values.........	1.074	212.277	21.789	2.255	1.318	880
TOTAL des moins-values.......	372	27.235	17.414	1.009	1.832	414
RÉSULTAT DÉFINITIF..... { PLUS-VALUES nettes..........	702	185.042	4.375	1.246	»	466
{ MOINS-VALUES nettes.........	»	»	»	»	514	»

PLUS ET MOINS-VALUES (PAR NATIONALIT...

du 13 octobre 1888 au 12 octobre 1889 (année 1...

ENTRÉES

NATIONALITÉS	PLUS-VALUES						MOINS-VALUES					
	NAVIRES	TONNES de jauge	TONNES de marchandises	PASSAGERS Civils	Militaires	BESTIAUX	NAVIRES	TONNES de jauge	TONNES de marchandises	PASSAGERS Civils	Militaires	BESTIAUX
Allemands.............	1	457	»	»	»	»	»	»	136	»	»	»
Anglais...............	»	9.293	5.468	»	»	22	19	»	»	170	»	»
Autrichiens...........	»	»	74	8	»	»	2	1.385	»	»	»	»
Belges................	»	»	»	»	»	»	2	2.427	651	»	»	»
Danois................	5	6.398	95	5	»	»	»	»	»	»	»	»
Espagnols	6	3.486	743	40	»	»	»	»	»	»	»	»
Français..............	156	60.777	3.859	»	835	»	»	»	»	770	»	131
Grecs.................	89	6.169	9.683	1	»	»	»	»	»	»	»	»
Hollandais............	3	2.236	1.116	»	»	»	»	»	»	»	»	»
Italiens..............	85	97.193	»	»	»	»	»	»	9.677	127	»	3
Ottomans..............	22	956	860	»	»	»	»	»	»	56	»	18
Russes................	»	»	»	»	»	»	3	1.258	1.819	1	»	»
Suédo-Norvégiens.......	1	1.135	2.410	2	»	»	»	»	»	»	»	»
Tunisiens.............	412	2.800	1.280	»	34	»	»	»	»	1.827	»	156
TOTAUX......	780	190.900	25.588	56	869	22	26	5.070	12.283	2.951	»	308

	NAVIRES	TONNES de jauge	TONNES de marchandises	PASSAGERS Civils	Militaires	BESTIAUX
TOTAL des plus-values........	780	190.900	25.588	56	869	22
TOTAL des moins-values	26	5.070	12.283	2.951	»	308
RÉSULTAT DÉFINITIF....... { Plus-values netts	754	185.830	13.305	»	869	»
{ Moins-values nettes	»	»	»	2.895	»	286

SORTIES

NATIONALITÉS	PLUS-VALUES						MOINS-VALUES					
	NAVIRES	TONNES de jauge	TONNES de marchandises	PASSAGERS Civils	Militaires	BESTIAUX	NAVIRES	TONNES de jauge	TONNES de marchandises	PASSAGERS Civils	Militaires	BESTIAUX
Allemands.............	1	457	»	»	»	»	»	»	»	4	»	»
Anglais...............	»	7.948	12.787	8	»	244	19	»	»	»	»	»
Autrichiens...........	»	»	»	8	»	»	5	2.060	849	»	»	»
Belges................	»	»	»	»	»	»	2	2.427	»	»	»	»
Danois................	5	6.398	»	25	»	»	»	»	»	»	»	20
Espagnols.............	6	3.486	9	71	»	»	»	»	»	»	»	»
Français..............	157	58.637	»	2.090	»	506	»	»	283	»	504	»
Grecs.................	67	6.418	30	13	»	»	»	»	»	»	»	»
Hollandais............	3	2.236	20	4	»	»	»	»	»	»	»	»
Italiens..............	86	103.356	»	»	»	160	»	»	6.377	464	1	»
Ottomans..............	13	261	»	»	»	»	»	»	384	27	»	1
Russes................	»	»	»	»	»	»	3	1.258	»	1	»	»
Suédo-Norvégiens......	»	»	74	2	»	»	2	549	»	»	»	»
Tunisiens.............	395	2.139	»	»	»	»	»	»	652	479	9	423
TOTAUX......	733	191.336	12.920	2.221	»	910	31	6.294	8.545	975	514	444

	NAVIRES	TONNES de jauge	TONNES de marchandises	PASSAGERS Civils	Militaires	BESTIAUX
TOTAL des plus-values........	733	191.336	12.920	2.221	»	910
TOTAL des moins-values.......	31	6.294	8.545	975	514	444
RÉSULTAT DÉFINITIF..... { Plus-values nettes...........	702	185.042	4.375	1.246	»	466
{ Moins-values nettes..........	»	»	»	»	514	»

MOUVEMENT DES NAVIRES, MARCHANDISES ET PASSAGERS

DE TOUTES CATÉGORIES

sur le littoral tunisien, pendant les cinq dernières années

ENTRÉES		**SORTIES**	

ANNÉE 1302

(13 octobre 1884 — 12 octobre 1885)

Navires	4.083	Navires	3.872
Tonnes de marchandises	124.215	Tonnes de marchandises	68.012
Passagers	37.457	Passagers	23.599

ANNÉE 1303

(13 octobre 1885 — 12 octobre 1886)

Navires	5.944	Navires	5.413
Tonnes de marchandises	168.250	Tonnes de marchandises	132.373
Passagers	56.271	Passagers	47.030

ANNÉE 1304

(13 octobre 1886 — 12 octobre 1887)

Navires	6.693	Navires	6.431
Tonnes de marchandises	154.725	Tonnes de marchandises	117.912
Passagers	55.064	Passagers	46.662

ANNÉE 1305

(13 octobre 1887 — 12 octobre 1888)

Navires	6.984	Navires	6.730
Tonnes de marchandises	199.630	Tonnes de marchandises	105.779
Passagers	48.509	Passagers	44.637

ANNÉE 1306

(13 octobre 1888 — 12 octobre 1889)

Navires	7.738	Navires	7.432
Tonnes de marchandises	212.935	Tonnes de marchandises	110.454
Passagers	44.983	Passagers	44.306

IMPORTATIONS ET EXPORTATIONS

effectuées pendant les cinq dernières années, par les navires des trois nationalités fréquentant le plus le littoral tunisien

		ENTRÉES		SORTIES	
		TONNES DE MARCHANDISES	PASSAGERS	TONNES DE MARCHANDISES	PASSAGERS
1302	Français	41.543	21.774	14.450	13.481
	Italiens	37.424	11.904	26.642	6.197
	Anglais	18.053	272	9.269	1.591
1303	Français	51.481	31.532	18.872	31.283
	Italiens	51.068	15.987	60.719	8.449
	Anglais	21.774	2.664	21.910	2.001
1304	Français	54.931	29.259	22.616	26.670
	Italiens	43.656	14.297	56.722	9.122
	Anglais	16.948	346	14.770	1.134
1305	Français	73.046	27.672	21.334	25.404
	Italiens	52.970	10.929	38.726	10.636
	Anglais	19.448	592	21.309	698
1306	Français	76.905	26.985	21.051	18.519
	Italiens	43.293	10.802	32.349	10.043
	Anglais	24.916	36	34.096	164

NAVIRES ENTRÉS EN RELACHE FORCÉ

dans les ports de la Régence

(13 octobre 1888 — 12 octobre 1889)

NATIONALITÉS	NOMBRE de NAVIRES	TONNES de JAUGE	NOMBRE D'HOMMES D'ÉQUIPAGE	OBSERVATIONS
Anglais	6	2.158	71	Ces navires ne sont pas compris dans les tableaux des mouvements des ports.
Autrichiens	1	76	5	
Français	11	181	57	
Grecs	7	1.121	47	
Italiens	189	3.393	1.129	
Ottomans	2	138	17	
Tunisiens	64	638	334	
Total	280	7.705	1.660	

NAVIRES NAUFRAGÉS OU ÉCHOUES

sur les côtes de la Régence

(13 octobre 1888 — 12 octobre 1889)

NATIONALITÉS	NAVIRES	JAUGE	CAPITAINES	LIEU DU NAUFRAGE	OBSERVATIONS
Tunisien.........	*Africa*	15	Oussif	Korbous	Perdu
id.	*Maria*	20	Damani	Sousse	Renfloué
id.	*Rondinella*	15	Bennila	id.	id.
id.	*Mabrouka*	6	Etmane	Kalibia	id.
id.	*Massoud*	5	Farhate	id.	id.
Grec	*Evangelistria*	230	Livandis	Sidi-Daoud	Perdu
Français	*Saint-Augustin*	1.054	De Casteljean	Kerkena	Renfloué
Tunisien.........	*Mabrouk*	8	Boukezia	Melidia	id.
Italien...........	*Giuseppina*	18	Gioia	Sidi-Raïs	Perdu
Tunisien.........	*Chadlia*	15	Chadli	Dahès	id.
Italien...........	*Due-Fratelli*	30	Gaetano	Tabarka	Renfloué
Tunisien.........	*Béchire*	8	Massoud	Kerkena	Perdu
id.	*Mabrouk*	4	Mohamed	id.	id.
id.	*Mabrouka*	8	Azaïs	Sousse	id.
id.	*Chadli*	18	Mansour	id.	id.
id.	*Massoud*	16	Hamida	id.	id.
id.	*Mansoura*	12	Châri	id.	id.
id.	*Massouda*	8	Amel	id.	id.
Grec	*Stassula*	47	Alexandrotto	id.	Renfloué
Tunisien.........	*Massoud*	14	Benyadder	Doccara	Perdu

YACHTS DE PLAISANCE

entrés dans les ports de la Régence

(13 octobre 1888 — 12 octobre 1889)

NATIONALITÉS	NAVIRES	CAPITAINES	ARMATEURS	ÉQUIPAGES	PASSAGERS
Anglais	*Neptune*	Aferbeck	Aferbeck	10	5
id.	*Wendur*	J. B. C. West	J. B. C. West	13	3
id.	*Vittoria*	Lunhom	Lunhom	44	45
id.	*Cressida*	Kendalb	Kendalb	11	19
id.	*Nachteris*	Benett	Benett	11	6
id.	*Nereïd*	Boules	Boules	10	6
Américain..........	*Gitana*	Chelok	Chelok	15	5
Anglais	*Westonice*	Callavay	Callavay	10	3
id.	*Katreras*	Alexander	Anderson	15	4
id.	*Aziola*	Momtfield	Momtfield	15	5
id.	*Centirella*	Greenar	Greenar	12	4
id.	*Armethist*	Harweil	Harweil	19	2
Français	*Phébé*	Debitandi	Debitandi	8	5
Anglais	*Lancashire Wilel*	Matitew	F. L. J. Loy	26	8
Italien..........	*Costanza*	A. Riggi	Riggi	6	»
id.	*Quem-Mary*	Canzoneri	Florio	17	10
Anglais	*Héron*	Backnall B.	Backnall	6	»

TOTAL : 1 américain, 13 anglais, 1 français et 2 italiens

NAVIRES CHARGÉS EN FRANCE A DESTINATION DU PORT

DE LA GOULETTE-TUNIS

non compris leurs chargements pour les autres ports du littoral tunisien

(13 octobre 1888 — 12 octobre 1889)

NATIONALITÉS	NAVIRES	TONNES de JAUGE	TONNES de MARCHANDISES	PASSAGERS		BESTIAUX
				CIVILS	MILI-TAIRES	
Anglais	1	886	580	»	»	»
Espagnols	5	2.905	710	35	»	»
Français	199	194.639	39.076	3.635	2.927	6
Grecs	13	4.492	5.600	2	»	»
Italiens	6	861	1.358	2	»	»
Totaux	224	203.783	47.324	3.674	2.927	6

LEST

embarqué par les navires dans les divers ports de la Régence

(13 octobre 1888 — 12 octobre 1889)

LA GOULETTE	SOUSSE	MONASTIR	MEHDIA	SFAX	GABÈS	DJERBA	BIZERTE	TABARKA
Tonnes	Tonnes	Tonnes	Tonnes	Tonnes	Tonnes	Tonnes	Tonnes	Tonnes
6.338	1.237	222	435	1.525	1.195	360	250	307

TOTAL : 11,869 tonnnes

EMBARCATIONS DE SERVITUDE

existant dans le port de La Goulette-Tunis

au 12 octobre 1889

NOMBRE	JAUGE	NATURE	ARMATEURS
4	43	Mahonnes	Bsibès
1	12	»	Mohamed Rebà
3	27	»	Bou-Damgha
10	86	»	S. et M. Seghire
2	20	»	O. et M. Soussi
2	19	»	M. Cammoun
4	33	»	Taraboulsi
2	14	»	Mastiri
2	20	»	Bernard Gabrielle
2	16	»	M. Largache
1	10	»	Ali Belkhoda
1	10	»	M. Fahem
1	10	»	Taher Naïfar
1	12	»	Zira
1	7	»	Ali Tabbal
1	9	»	Mazrani
1	8	»	Omar Sayadi
1	7	»	Ange Maltese
2	36	»	Valenza
1	12	»	Catania
3	47	»	Gioia
1	18	»	Catariotto
2	18	»	Rallo
2	25	»	Di Filippo
1	18	»	Savalli
3	55	»	Camilleri
2	25	»	Matera
3	44	»	Buttegigi
6	66	»	Schiano
2	18	»	Mocata
1	18	»	Turi
6	25	»	Divers

NOMBRE	JAUGE	NATURE	ARMATEURS
1	8	Mahonne	Hadj Damani
1	8	»	Djemà
1	8	»	Fernandès
1	8	»	Vincent Macotta
1	6	»	Taher Necti
1	6	»	M. Mahbouli
1	8	»	Saleh Hamani
1	9	»	Hassin Baouali
1	10	»	M. Khalifa
4	61	»	Falzon
2	28	»	Rallo
4	73	»	Malizia et Bongarts
1	10	»	Polizzi
1	19	»	Zichichi
1	12	»	Torrente
15	234	»	D'Ancona
1	25	»	Strazzera
1	11	»	Muliacci
1	20	»	Greco
1	10	»	Capitolla
1	27	»	Errera
2	11	»	Schiavino
1	18	»	Torre
4	76	»	C.ie Rubattino
3	27	Chalands	C.ie G.le Transatlantique
7	259	»	C.ie Rubattino
1	»	Remorqueur	C.ie G.le Transatlantique
1	»	»	Leone Antoine
3	»	»	C.ie Rubattino
1	»	»	Comte Raffo
1	32	Tartane	Olivieri
21	24	Canots	Service de batelage

TOTAL : 124 mahonnes, 10 chalands, 6 remorqueurs, 1 tartane et 21 canots.

EMBARCATIONS DE SERVITUDE

existant au 12 octobre 1889 dans le port de Sousse

NOMBRE	JAUGE	NATURE	ARMATEURS
5	91	Mahonnes	Pignatari et Cⁱⁱ
4	83	id.	Compagnie Générale Transatlantique
3	38	id.	Vaiarello et Cⁱⁱ
1	12	id.	Deiss
18	30	Canots	Service de batelage

TOTAL : 13 mahonnes, 18 canots.

EMBARCATIONS DE SERVITUDE

existant au 12 octobre 1889 dans le port de Monastir

NOMBRE	JAUGE	NATURE	ARMATEURS
1	10	Mahonne	Joseph Cazella
1	10	id.	Hassin Es Sayadi
1	3	id.	Mohamed Basbasse
1	3	id.	Mohamed El Khaïri
1	3	id.	Mohamed Ghaïs
2	2	Canots	Divers

TOTAL : 5 mahonnes, 2 canots.

EMBARCATIONS DE SERVITUDE

existant au 12 octobre 1889 dans le port de Mehdia

NOMBRE	JAUGE	NATURE	ARMATEURS
1	5	Mahonne	Novak
3	22	id.	Compagnie Générale Transatlantique
4	16	id.	Caccioppo
1	18	Tartane	Compagnie Générale Transatlantique
2	2	Canots	Sfar
2	2	id.	Caccioppo
1	1	id.	Lozario
1	1	id.	Sgarallino
1	1	id.	Epinat et Novak
10	5	id.	Divers

TOTAL : 8 mahonnes, 1 tartane, 17 canots.

EMBARCATIONS DE SERVITUDE

existant au 12 octobre 1889 dans le port de Sfax

NOMBRE	JAUGE	NATURE	ARMATEURS
1	15	Mahonne	Raphaël Vella
4	50	id.	Smida
2	30	id.	Ben Suleyman
1	15	id.	Gargouri
1	10	id.	Hassin Cammoun
2	35	id.	Arbibe
1	12	id.	Cherfi
1	8	id.	Hadj Hassin Khalil
1	8	id.	Ben Khalifa
2	30	id.	Gatt
1	10	id.	Liangui
1	15	id.	Ali Hamza
1	10	id.	Bou Dabbouza Hassin
5	59	id.	Galea
1	8	id.	Hadj Ahmed
6	95	id.	Louis Abella
1	10	id.	Ben Ammar
14	14	Canots	Service de batelage

TOTAL : 32 mahonnes et 14 canots.

EMBARCATIONS DE SERVITUDE

existant au 12 octobre 1889 dans le port de Gabès

NOMBRE	JAUGE	NATURE	ARMATEURS
2	2	Canots	Louis Mattera
1	1	id.	Mohamed Masmoudi
1	1	id.	Cecco Palanco
5	50	Mahonnes	Compagnie Générale Transatlantique
2	3	Canots	id.
1	1	id.	Joseph Faraguso
1	1	id.	Mohamed Guerba
1	1	id.	Louis Bartolo
1	1	id.	Giameric Agius
1	1	id.	Mohamed Garbout
1	1	id.	Joseph Boccara

TOTAL : 5 mahonnes et 12 canots.

EMBARCATIONS DE SERVITUDE

existant au 12 octobre 1889 dans le port de Djerba

NOMBRE	JAUGE	NATURE	ARMATEURS
1	15	Mahonne	Hamida ben Ibrahim
1	15	id.	Joseph Pariente
1	4	id.	André Camisuli
1	3	id.	Joseph Pariente
1	10	id.	id.
1	8	Sandal	Hamida ben Ibrahim
1	3	id.	Salvator Saïd
1	8	id.	Jean Pery
1	8	id.	Lorenzo Bellia
1	2	Loude	Hamida ben Ibrahim

TOTAL : 5 mahonnes, 4 sandals, 1 loude

EMBARCATIONS DE SERVITUDE

existant au 12 octobre 1889 dans le port de Bizerte

NOMBRE	JAUGE	NATURE	ARMATEURS
1	10	Mahonne	Vito Greco
3	35	id.	Sapiano
1	10	id.	Vito Greco
1	3	Balancelle	Vincent Ayello
1	7	id.	Sapiano
5	6	Canots	Divers

TOTAL : 5 mahonnes, 2 balancelles, 5 canots.

EMBARCATIONS DE SERVITUDE

existant au 12 octobre 1889 dans le port de Tabarka

NOMBRE	JAUGE	NATURE	ARMATEURS
1	5	Mahonnes	Arcucci
1	4	id.	Didona
3	16	id.	Mazzella
1	2	Canot	id.
1	1	id.	id.

TOTAL : 5 mahonnes, 2 canots.

ÉCLAIRAGE DES COTES DE LA RÉGENCE

LOCALITÉS	NATURE DU FEU	ORDRE de L'APPA-REIL	PORTÉE par MILLES	POSITION GÉOGRAPHIQUE		HAUTEUR au-dessus DE LA MER	ÉPOQUE de L'ALLU-MAGE	OBSERVATIONS
				LATITUDE NORD	LONGITUDE EST			
Tabarka....................	»	»	»	»	»	»	»	A l'étude.
Cap Serrat................	»	»	»	»	»	»	»	En construction.
Ras Angela................	»	»	»	»	»	»	»	id.
Bizerte....................	Fixe rouge...............	»	5	»	»	14ᵐ	1881	
	Fixe vert................	»	4	«	»	7		
Ile Cani...................	Fixe blanc...............	D. 2ᵉ	18	37° 21' 10"	7° 48' 0"	39.3	1860	
Ile Plane.................	Fixe blanc...............	D. 4ᵉ	10	37° 10' 50"	7° 59' 40"	20	1888	
Cap Carthage..............	Blanc, tournant de 20 en 20ˢ..	»	20	36° 51' 55"	7° 48' 31"	146	1840	
La Goulette...............	Fixe rouge...............	D. 4ᵉ	6	36° 48' 40"	7° 58' 26"	»	1862	
	Fixe rouge...............	»	»	»	»	»	1889	Sur le bout de la jetée en construction — portée faible — difficile à confondre avec le feu du port.
Cap Bon..................	Rouge, tournant de 90 en 90ˢ.	D. 1ᵉʳ	25	37° 4' 45"	8° 43' 0"	125.5	1875	
Kalibia...................	Fixe blanc...............	D. 4ᵉ	14	36° 50' 20"	8° 47' 25"	82	1888	
Sousse....................	Fixe rouge...............	D.	4				1888	

Monastir	Fixe rouge	»	8	»	»	9	1888	
	Fixe vert	»	2	»	»	6	1888	
Iles Kuriat	Fixe blanc	D. 3ʳ	20	35° 48' 10"	8° 42' 20"	30	1888	
Mehdia	»	»	»	»	»	»	»	A l'étude.
	Fixe rouge	»	7	35° 6' 40"	9° 41' 40"	»	1888	15ᵐ fond du mouillage. N° 1
	Fixe blanc	»	7	35° 3' 0"	9° 45' 40"	»	1888	14ᵐ id. N° 2
	Fixe rouge	»	7	34° 57' 30"	9° 24' 50"	»	1888	15ᵐ id. N° 3
Banes de Kerkena	Blanc, éclat 10", éclipse 5"....	»	7	34° 51' 30"	9° 24' 40"	»	1888	18ᵐ id. N° 4
Bouées lumineuses	Fixe blanc	»	7	34° 41' 20"	9° 46' 0"	»	1888	18ᵐ id. N° 5
	Fixe rouge	»	7	34° 37' 10"	8° 43' 20"	»	1888	12ᵐ id. N° 6
	Fixe blanc	»	7	34° 28' 0"	8° 35' 20"	»	1888	12ᵐ id. N° 7
	Fixe rouge	»	7	34° 33' 20"	8° 32' 0"	»	1888	10ᵐ id. N° 8
Sfax	Fixe rouge	»	6	»	»	11.5	1883	
Djerba	Fixe rouge	D.	6	»	»	10	1888	
	Fixe (flottant)	C.	3	33° 56' 0"	8° 30' 0"	12	1888	

Une vigie sur le phare de cap Carthage signale au port de La Goulette les navires venant du large.

DROITS PAYABLES PAR LES NAVIRES

dans les ports de la Régence

———

1° DROIT DE PHARES

0 p. 15 ou 0 fr. 09 par tonneau de jauge, jusqu'à concurrence de 500 tonneaux, pour tout navire arrivant de l'étranger dans un port quelconque de la Régence.

2° DROIT SANITAIRE

0 p. 15 ou 0 fr. 09 par tonneau de jauge, jusqu'à concurrence de 500 tonneaux, pour tout navire venant de l'étranger dans un port quelconque de la Régence.

Les navires en relâche forcée payent la moitié de ces droits s'ils font des provisions.

3° DROIT DE QUAIS

0 p. 50 ou 0 fr. 30 par tonneau de jauge pour toute journée ou fraction de journée d'accostage à quai, dans tous les ports de la Régence, celui de La Goulette excepté.

Droits spéciaux payables à La Goulette

4° DROIT D'EAU

0 p. 50 ou 0 fr. 30 par homme d'équipage jusqu'à concurrence de 10 hommes, pour tout navire arrivant à La Goulette soit de l'étranger, soit du littoral tunisien.

5° DROIT DE CANAL

0 p. 50 ou 0 fr. 30 par tonneau de jauge pour tout navire arrivant de l'étranger ou du littoral tunisien qui entre dans le canal de La Goulette. L'acquittement de cette taxe donne droit à un mois de séjour dans la darse ; tout mois ou fraction de mois de surplus donne lieu au payement d'un nouveau droit de 0 p. 25 ou 0 fr. 15 par tonneau de jauge.

Les navires en relâche forcée paient la moitié de ces droits spéciaux s'ils font des provisions.

DÉPARTS RÉGULIERS DE BATEAUX A VAPEUR

des ports de la Régence

PORTS	COMPAGNIES	DESTINATIONS	DATES DES DÉPARTS
LA GOULETTE	Cⁱᵉ Gⁱᵉ Transatlantique	Marseille (direct)...........................	Les lundi, mercredi et vendredi, à 5 h. du soir.
		Malte, Tripoli, Djerba, Gabès, Sfax, Mehdia, Monastir, Sousse. La Goulette...............	Le lundi, à 10 h. du matin.
		Sousse, Monastir, Mehdia, Sfax, Gabès, Djerba, Tripoli, Malte, La Goulette...............	Le jeudi, à 5 h. du soir.
	Société Générale des Transports Marit™	Bizerte, La Calle. Bône, Philippeville, Collo, Djidjelli, Bougie, Dellys, Alger...............	Le samedi, à midi.
		Bône, Marseille............................	Le dimanche, à 5 h. du soir.
	Cⁱᵉ Gⁱᵉ de Nav. Italienne Florio et Rubattino	Cagliari, Livourne, Gênes..................	Le mercredi, à 4 h. du soir.
		Sousse. Monastir, Mehdia, Sfax, Gabès, Djerba, Tripoli, Malte.......................	Le mercredi, à 4 h. du soir.
		Pantelleria, Marsala, Favignana, Trapani, Palerme, Naples	Le vendredi, à 7 h. du soir.
	Cⁱᵉ Danoise Det Forenede Dampskibs Selskab	Malte, Alexandrie, Pirée..................	Le 28 de chaque mois.
SOUSSE......	Cⁱᵉ Gⁱᵉ Transatlantique	La Goulette................................	Le dimanche, à 5 h. du soir.
		Monastir, Mehdia, Sfax, Gabès, Djerba, Tripoli, Malte, La Goulette....................	Le samedi, à 7 h. du matin.
	Cⁱᵉ Gⁱᵉ de Nav. Italienne Florio et Rubattino	La Goulette................................	Le lundi, à 4 h. du soir.
		Monastir, Mehdia, Sfax, Gabès, Djerba, Tripoli, Malte..............................	Le jeudi, à 9 h. du soir.
MONASTIR....	Cⁱᵉ Gⁱᵉ Transatlantique	Sousse, La Goulette	Le samedi, à 4 h. du soir.
		Mehdia, Sfax, Gabès, Djerba, Tripoli, Malte, La Goulette.........................	Le samedi, à midi.
	Cⁱᵉ Gⁱᵉ de Nav. Italienne Florio et Rubattino	Sousse, La Goulette.......................	Le dimanche, à 4 h. du soir.
		Mehdia, Sfax, Gabès, Djerba, Tripoli, Malte....	Le jeudi, à 11 h. du matin.

PORTS	COMPAGNIES	DESTINATIONS	DATES DES DÉPARTS
Mehdia......	Cⁱᵉ Gˡᵉ Transatlantique	Monastir, Sousse, La Goulette..................	Le samedi, à 10 h. du matin.
		Sfax, Gabès, Djerba, Tripoli, Malte, La Goulette.	Le samedi, à 6 h. du soir.
	Cⁱᵉ Gˡᵉ de Nav. Italienne Florio et Rubattino	Monastir, Sousse, La Goulette	Le dimanche, à 8 h. du matin.
		Sfax, Gabès, Djerba, Tripoli, Malte............	Le jeudi, à 5 h. du soir.
Sfax........	Cⁱᵉ Gˡᵉ Transatlantique	Mehdia, Monastir, Sousse, La Goulette........	Le vendredi, à 5 h. du soir.
		Gabès, Djerba, Tripoli, Malte, La Goulette......	Le dimanche, à 8 h. du soir.
	Cⁱᵉ Gˡᵉ de Nav. Italienne Florio et Rubattino	Mehdia, Monastir, Sousse, La Goulette........	Le samedi, à midi.
		Gabès, Djerba, Tripoli, Malte.................	Le vendredi, à 10 h. du matin.
Gabès......	Cⁱᵉ Gˡᵉ Transatlantique	Sfax, Mehdia, Monastir, Sousse, La Goulette....	Le jeudi, à 8 h. du soir.
		Djerba, Tripoli, Malte, La Goulette............	Le lundi, à midi.
	Cⁱᵉ Gˡᵉ de Nav. Italienne Florio et Rubattino	Sfax, Mehdia, Monastir, Sousse, La Goulette....	Le vendredi, à minuit.
		Djerba, Tripoli, Malte.......................	Le samedi, à 8 h. du matin.
Djerba......	Cⁱᵉ Gˡᵉ Transatlantique	Gabès, Sfax, Mehdia, Monastir, Sousse, La Goulette	Le jeudi, à 10 h. du matin.
		Tripoli, Malte, La Goulette..................	Le lundi, à 7 h. du soir.
	Cⁱᵉ Gˡᵉ de Nav. Italienne Florio et Rubattino	Gabès, Sfax, Mehdia, Monastir, Sousse, La Goulette	Le vendredi, à 9 h. du matin.
		Tripoli, Malte.............................	Le samedi, à 4 h. du soir.

LISTE NOMINATIVE DES EXPÉDITIONNAIRES DE NAVIRES

établis dans les ports de la Régence

LA GOULETTE

MM. d'Amico Diego, d'Ancona et Errera, Gianquinto Baldassare, Leone Antoine, Lombardo Antoine, Malizia et Bougarts, Mazzarella François, Montefiore Moïse.

SOUSSE

MM. Bisbardi Liberi, Calsantonio Leone, Livolsi Stefano.

MONASTIR

M. Serra Rico.

MEHDIA

MM. Lumbroso Eugène, Moatti Léon, Epinat et Novak.

SFAX

MM. Aurbacher François, Florio Joseph, Gatt, Padovani Théodore, Spina Dominique.

GABÈS

M. Cini Antoine.

DJERBA

MM. Pariente Giacomo, Spiteri David.

BIZERTE

MM. Collini Vincent, Greco Vito.

TABARKA

MM. Arcucci François, Grange Numa, Roméo Sirio.

RÉCAPITULATION DES MATIÈRES